ROMEU CARVALHO ANTUNES

LIDERANÇA
TECNOLÓGICA

ESTRATÉGIAS PARA GERIR PROJETOS INOVADORES

LIDERANÇA TECNOLÓGICA – ESTRATÉGIAS PARA GERIR PROJETOS INOVADORES

Coordenação editorial:
Gilson Mello

Projeto gráfico:
Flórida Business Academy

Correção, revisão e copidesque:
Flórida Business Academy

Direção Geral:
Gilson Mello

Todos os direitos reservados e protegidos pela Lei nº 9.610, de 19/02/1998.

É expressamente proibida a reprodução total ou parcial deste livro, por quaisquer meios (eletrônicos, mecânicos, fotográficos, gravação e outros), sem prévia autorização por escrito da editora.

Primeira edição 2024

Dados Internacionais de Catalogação na Publicação (CIP)
Carvalho Antunes, Romeu
Liderança Tecnológica –
Estratégias para gerir projetos inovadores
Romeu Carvalho Antunes; Orlando-FL: Flórida Business Academy Tecnologia, 2024.
115 p.
ISBN: 9798333543141
1. Tecnologia 2. Gestão. 3. Programação

Sumário

Prefácio ──────────────────────────────────── 05

Introdução ─────────────────────────────────── 09

Capítulo 1:

Fundamentos da Liderança Tecnológica ─────────── 13

Capítulo 2:

Metodologias Ágeis na Gestão de Projetos ───────── 23

Capítulo 3:

Formação e Gestão de Equipes de Alto Desempenho - 33

Capítulo 4:

Inovação e Criatividade em Projetos Tecnológicos ────── 43

Capítulo 5:

Gestão de Recursos e Orçamento ───────────── 51

Capítulo 6:

Implementação de Tecnologias Emergentes ─────── 61

Capítulo 7:

Superando Desafios em Projetos Complexos --------------- 71

Capítulo 8:

Segurança e Conformidade em Projetos Tecnológicos 81

Capítulo 9:

Comunicação Eficaz com Stakeholders ---------------------- 91

Capítulo 10:

Planejamento Estratégico para o Futuro ------------------- 101

Conclusão --- 111

Prefácio

ROMEU CARVALHO ANTUNES

Neste livro, compartilho minhas experiências e conhecimentos acumulados ao longo de uma carreira de sucesso na liderança de projetos tecnológicos. Desde a remodelagem de aplicativos utilizados por milhões de usuários até a integração de metodologias ágeis em grandes instituições financeiras, este manual prático é uma fonte valiosa para líderes e aspirantes a líderes no campo da tecnologia.

Quando comecei minha jornada na área de tecnologia, minha ambição era não apenas criar soluções inovadoras, mas também influenciar positivamente as pessoas ao meu redor e o setor em que atuo. Tive a oportunidade de liderar projetos desafiadores e aprender com algumas das mentes mais brilhantes do setor. Cada experiência, cada sucesso e até mesmo cada falha contribuíram para moldar minha abordagem à liderança e à gestão de projetos.

Meu objetivo com este livro é compartilhar as estratégias e práticas que encontrei mais eficazes ao longo dos anos. Quero proporcionar aos leitores ferramentas práticas que possam aplicar em suas próprias carreiras e projetos, ajudando-os a navegar pelos complexos desafios da liderança tecnológica.

Ao longo dos capítulos, você encontrará insights sobre metodologias ágeis, gestão de equipes, inovação, e superação de desafios em projetos complexos. Essas são as lições que aprendi e apliquei em minha carreira, desde meu trabalho na Caixa Econômica Federal e no Banco do Brasil até meu papel atual como CFO e CTO na World Vacation Homes.

Espero que este livro inspire você a alcançar novos patamares em sua carreira e a liderar com confiança e eficácia. Lembre-se das palavras de Steve Jobs: "Inovação distingue um líder de um seguidor." Que este livro seja um guia para sua jornada de liderança e inovação.

Introdução

Quando comecei minha carreira como engenheiro de software, eu não imaginava a magnitude das oportunidades e desafios que encontraria pela frente. Ao longo dos anos, percebi que a liderança em tecnologia vai muito além de apenas dominar habilidades técnicas. Trata-se de inspirar equipes, fomentar a inovação e enfrentar desafios complexos com resiliência e criatividade.

Vou compartilhar com você as estratégias que desenvolvi e aperfeiçoei ao longo da minha trajetória. Desde a liderança de grandes projetos na Caixa Econômica Federal e no Banco do Brasil até a minha atuação na World Vacation Homes e no PicPay, cada capítulo deste livro é baseado em experiências reais e lições aprendidas.

Aqui, você encontrará uma abordagem prática para liderar e gerenciar projetos de tecnologia. Discutiremos metodologias ágeis, como Scrum e Kanban, e exploraremos técnicas para formar e gerenciar equipes de alto desempenho. Abordaremos a importância da inovação contínua e as melhores práticas para a gestão de recursos e orçamento.

O mundo da tecnologia está em constante evolução, e líderes eficazes devem estar preparados para se adaptar e inovar. Este livro foi escrito para fornecer a você as ferramentas e o conhecimento necessários para navegar neste ambiente dinâmico e desafiador.

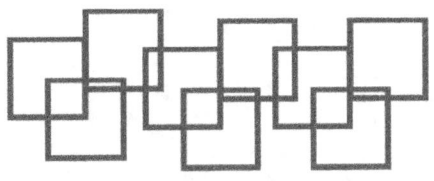

Capítulo 01

Fundamentos da Liderança Tecnológica

Ao longo da minha carreira na área de tecnologia, aprendi que a liderança é fundamental para o sucesso de qualquer projeto inovador. Liderar não é apenas dar ordens; é inspirar, motivar e guiar sua equipe através dos desafios e incertezas. Neste capítulo, quero compartilhar com você os fundamentos da liderança tecnológica, explorando desde a definição do que é ser um líder tecnológico até as habilidades essenciais necessárias para prosperar nesse papel.

Definindo Liderança Tecnológica

Liderança tecnológica, para mim, significa mais do que apenas conhecimento técnico. É a capacidade de inspirar sua equipe, visualizar o futuro e transformar essa visão em realidade. Um líder tecnológico precisa ser capaz de entender as nuances do desenvolvimento de software e, ao mesmo tempo, ter uma compreensão profunda das necessidades do mercado e dos clientes. Quando comecei na Caixa Econômica Federal, percebi que ser um bom líder exigia não apenas habilidades técnicas, mas também a capacidade de conectar pessoas e ideias.

Além disso, ser um líder tecnológico é ser a ponte entre a equipe técnica e os stakeholders. É essencial traduzir conceitos complexos de maneira que todos entendam e se sintam parte do processo. Lembro-me de como foi crucial comunicar claramente a visão do projeto do FGTS para garantir que todos estivessem alinhados e motivados. Liderança tecnológica é, portanto, uma combinação de conhecimento técnico, visão estratégica e habilidades de comunicação.

Características de um Líder Tecnológico

Ao longo dos anos, percebi que certas características são indispensáveis para um líder tecnológico eficaz. Primeiramente, a capacidade de inspirar e motivar a equipe é crucial. Líderes visionários, como Steve Jobs, sempre me inspiraram com sua capacidade de ver além dos desafios imediatos e identificar oportunidades de inovação. No meu tempo liderando a equipe na Fóton Informática, pude ver como uma visão clara e inspiradora pode transformar o desempenho da equipe.

Outra característica fundamental é a resiliência. Projetos tecnológicos frequentemente enfrentam obstáculos inesperados, e é crucial manter a calma e a direção durante momentos de crise. Ser um bom comunicador também é essencial; um líder deve articular a visão do projeto e as expectativas de forma clara. Na remodelagem do aplicativo do FGTS, minha habilidade de comunicar de forma eficaz foi fundamental para o sucesso do projeto.

Importância da Visão Estratégica

A visão estratégica é o que diferencia líderes eficazes de gestores comuns. No campo da tecnologia, onde as mudanças ocorrem rapidamente, ter uma visão clara do futuro é essencial. No meu trabalho com o PicPay, por exemplo, foi crucial antecipar tendências e preparar a equipe para aproveitar novas oportunidades. Esta visão estratégica inclui identificar novas tecnologias e entender como integrá-las para alcançar os objetivos organizacionais.

Ter uma visão estratégica também implica planejar a longo prazo, considerando os benefícios imediatos e o impacto a longo prazo das decisões tecnológicas. Isso inclui equilibrar inovação com estabilidade operacional. Lembro-me de como foi desafiador, mas vital, planejar a implementação de novas funcionalidades enquanto mantínhamos a estabilidade do sistema existente. A visão estratégica é a bússola que guia um líder tecnológico através do complexo e dinâmico mundo da inovação tecnológica.

Habilidades Essenciais para Líderes

As habilidades essenciais para um líder tecnológico vão além do conhecimento técnico. Comunicação eficaz, pensamento crítico e resolução de problemas são fundamentais. Lembro-me de muitas vezes ter que comunicar ideias complexas de forma clara tanto para a equipe técnica quanto para outras partes interessadas. No projeto do Ourocard no Banco do Brasil, minha habilidade de resolver problemas complexos de maneira criativa foi frequentemente testada.

Gestão de pessoas é outra habilidade crucial. Motivar e inspirar a equipe, lidar com conflitos e promover um ambiente de trabalho saudável são essenciais. Além disso, a capacidade de aprender continuamente e se adaptar a novas tecnologias e métodos é vital. O campo da tecnologia está em constante evolução, e ser um eterno aprendiz me ajudou a estar sempre preparado para novos desafios.

Liderança Adaptativa em um Mundo Tecnológico

No mundo da tecnologia, mudanças são constantes e rápidas. Por isso, a liderança adaptativa é uma habilidade crucial. Ser um líder adaptativo significa estar preparado para ajustar estratégias e abordagens conforme necessário, respondendo rapidamente às novas informações e desafios. Isso inclui a capacidade de promover uma cultura de flexibilidade dentro da equipe, onde todos estão prontos para se ajustar e evoluir conforme necessário.

A liderança adaptativa também envolve a capacidade de gerenciar a inovação de forma eficaz. Isso inclui saber quando experimentar e quando seguir práticas consolidadas, equilibrando a necessidade de estabilidade com a necessidade de mudança. Em um ambiente tecnológico, ser adaptativo significa não apenas reagir às mudanças, mas antecipá-las, preparando a organização para o futuro de maneira proativa.

Liderança tecnológica é uma disciplina complexa que exige uma combinação de habilidades técnicas, estratégicas e interpessoais. Os líderes tecnológicos eficazes são aqueles que conseguem inspirar e motivar suas equipes, comunicar uma visão clara e estratégica, e se adaptar rapidamente às mudanças. Eles combinam conhecimento técnico com a capacidade de gerenciar pessoas e processos de maneira eficaz, criando um ambiente onde a inovação pode prosperar.

Resumo das principais características e habilidades de um líder tecnológico eficaz: visão estratégica, comunicação eficaz, habilidades interpessoais, resiliência e adaptabilidade. Estas são as qualidades que definem os melhores líderes no campo da tecnologia, capazes de guiar suas equipes através dos desafios do presente e para as oportunidades do futuro.

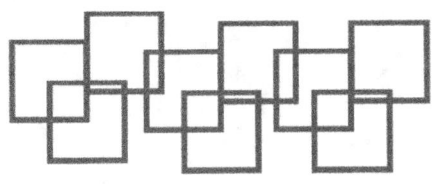

Capítulo 02

Metodologias Ágeis na Gestão de Projetos

Desde que comecei minha carreira em tecnologia, percebi que a metodologia de gestão de projetos é crucial para o sucesso. Metodologias ágeis revolucionaram a maneira como desenvolvemos software, proporcionando flexibilidade e adaptabilidade que são essenciais em um ambiente tecnológico dinâmico. Neste capítulo, quero compartilhar minhas experiências e insights sobre como implementar e integrar metodologias ágeis para maximizar a eficiência e a inovação em projetos de tecnologia.

Introdução às Metodologias Ágeis

As metodologias ágeis surgiram como uma resposta às limitações das abordagens tradicionais de gestão de projetos. Elas focam em entregas incrementais, colaboração constante e adaptação às mudanças. Quando comecei a aplicar metodologias ágeis nos meus projetos, como na remodelagem do aplicativo FGTS, percebi uma melhora significativa na produtividade e na satisfação da equipe. A capacidade de responder rapidamente às mudanças e incorporar feedback contínuo é um dos maiores benefícios das metodologias ágeis.

Além disso, as metodologias ágeis promovem uma cultura de transparência e comunicação aberta. Em vez de longos ciclos de planejamento e execução, a agilidade permite que as equipes entreguem valor contínuo aos clientes e ajustem suas prioridades com base no feedback. Isso não apenas aumenta a qualidade do produto final, mas também fortalece a moral da equipe, pois todos se sentem mais envolvidos e responsáveis pelo sucesso do projeto.

Scrum: Estrutura e Práticas

Scrum é uma das metodologias ágeis mais populares e que mais utilizei em minha carreira. Ele se estrutura em torno de ciclos de trabalho curtos, chamados sprints, geralmente de duas a quatro semanas. Cada sprint começa com uma reunião de planejamento e termina com uma revisão e uma retrospectiva. No meu tempo liderando projetos na Fóton Informática, essas reuniões foram cruciais para manter a equipe alinhada e identificar rapidamente quaisquer obstáculos que precisassem ser superados.

O Scrum define três papéis principais: o Product Owner, que define a visão do produto e prioriza o backlog; o Scrum Master, que facilita o processo e remove impedimentos; e a equipe de desenvolvimento, que é auto-organizada e responsável pela entrega dos incrementos do produto. A clareza dos papéis e a estrutura do Scrum ajudam a manter o foco e a eficiência. Lembro-me de como, ao adotar Scrum, conseguimos acelerar significativamente os ciclos de desenvolvimento no projeto do FIES.

Kanban: Fluxo Contínuo e Eficiência

Kanban é outra metodologia ágil que enfatiza a visualização do trabalho e a limitação do trabalho em progresso (WIP) para aumentar a eficiência. No projeto do aplicativo do FGTS, implementamos um quadro Kanban que ajudou a visualizar o fluxo de trabalho e identificar gargalos. Isso permitiu uma maior transparência e uma melhor gestão do fluxo de trabalho, resultando em entregas mais rápidas e de maior qualidade.

Uma das grandes vantagens do Kanban é sua simplicidade e flexibilidade. Não requer grandes mudanças estruturais ou de processo para ser implementado. Pode ser facilmente integrado a qualquer ambiente de trabalho e adaptado às necessidades específicas da equipe. No Banco do Brasil, utilizamos Kanban para gerenciar o fluxo de tarefas diárias, o que melhorou significativamente nossa capacidade de responder a mudanças e priorizar o trabalho de maneira eficaz.

XP (Extreme Programming): Práticas Essenciais

Extreme Programming (XP) é uma metodologia ágil que se concentra em práticas de desenvolvimento de software para melhorar a qualidade e a capacidade de resposta às mudanças do cliente. Práticas como programação em pares, desenvolvimento orientado a testes (TDD) e integração contínua são pilares do XP. Durante o desenvolvimento do aplicativo Ourocard no Banco do Brasil, aplicamos muitas dessas práticas, o que resultou em um código mais limpo e uma maior qualidade do produto final.

A programação em pares, por exemplo, não apenas melhora a qualidade do código, mas também facilita a disseminação do conhecimento entre os membros da equipe. O TDD garante que o código seja constantemente testado e validado, reduzindo a quantidade de bugs e problemas na produção. Essas práticas, quando combinadas, criam um ambiente de desenvolvimento altamente produtivo e colaborativo, algo que sempre busquei fomentar em todas as equipes que liderei.

Comparando e Integrando Metodologias Ágeis

Cada metodologia ágil tem suas próprias vantagens e desvantagens, e a escolha da metodologia certa depende das necessidades específicas do projeto e da equipe. Em minha experiência, muitas vezes integramos práticas de diferentes metodologias para criar uma abordagem híbrida que melhor se adequasse ao nosso contexto. Por exemplo, combinamos a estrutura e as reuniões do Scrum com a visualização do Kanban no projeto do FGTS, o que nos permitiu obter o melhor dos dois mundos.

A integração de metodologias ágeis também requer uma mentalidade aberta e adaptável. É importante estar disposto a experimentar e ajustar as práticas conforme necessário. No PicPay, a implementação de uma abordagem híbrida ágil nos permitiu manter a flexibilidade e a eficiência enquanto atendíamos às demandas dinâmicas do mercado financeiro. A chave é sempre manter o foco nas necessidades da equipe e dos clientes, ajustando as práticas para maximizar o valor entregue.

A aplicação de metodologias ágeis na gestão de projetos tecnológicos é fundamental para garantir flexibilidade e adaptabilidade. Em um ambiente onde as mudanças são constantes, a capacidade de responder rapidamente e ajustar as estratégias é essencial para o sucesso. Ao adotar práticas ágeis como Scrum, Kanban e XP, e integrá-las conforme necessário, podemos criar um ambiente de trabalho mais eficiente, colaborativo e inovador.

Importância da flexibilidade e adaptabilidade na aplicação de metodologias ágeis: Lembre-se das palavras de Elon Musk: "Quando algo é importante o suficiente, você faz, mesmo que as probabilidades não estejam a seu favor." A agilidade nos permite enfrentar desafios de frente e transformar obstáculos em oportunidades, garantindo que estamos sempre um passo à frente no dinâmico mundo da tecnologia.

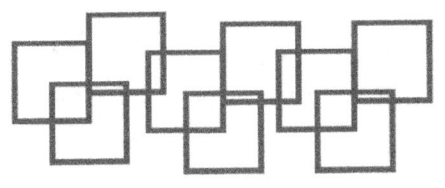

Capítulo 03

Formação e Gestão de Equipes de Alto Desempenho

Desde o início da minha carreira, sempre acreditei que as pessoas são o coração de qualquer projeto bem-sucedido. Construir e gerenciar equipes de alto desempenho é um dos aspectos mais gratificantes e desafiadores da liderança tecnológica. Neste capítulo, quero compartilhar minhas experiências e estratégias sobre recrutamento, desenvolvimento de habilidades, fomento da colaboração, motivação e resolução de conflitos. Estas práticas são fundamentais para criar equipes eficazes e motivadas que podem alcançar resultados extraordinários.

Recrutamento e Seleção de Talentos

Recrutar e selecionar os melhores talentos é a base para formar uma equipe de alto desempenho. No início da minha carreira na Caixa Econômica Federal, percebi a importância de identificar não apenas as habilidades técnicas, mas também o alinhamento cultural e a capacidade de adaptação dos candidatos. Busco sempre pessoas que não só possuam as competências necessárias, mas que também compartilhem a visão e os valores da organização.

Para garantir um processo de recrutamento eficaz, utilizo diversas técnicas, incluindo entrevistas técnicas, testes práticos e avaliações de soft skills. Além disso, a participação em hackathons e eventos de tecnologia tem sido uma excelente maneira de identificar talentos promissores. Lembro-me de como o 1º HackSaúde DF foi uma oportunidade incrível para descobrir profissionais talentosos que se destacaram não apenas pela competência técnica, mas pela capacidade de inovar sob pressão.

Desenvolvimento de Habilidades e Capacidades

Uma vez que os talentos são recrutados, o próximo passo é investir no desenvolvimento contínuo de suas habilidades. Sempre acreditei que o aprendizado não deve parar no momento da contratação. Durante minha liderança na Fóton Informática, implementei programas de treinamento e desenvolvimento para garantir que a equipe estivesse sempre atualizada com as últimas tendências e tecnologias.

A capacitação não se limita apenas a habilidades técnicas. Promover o desenvolvimento de soft skills, como comunicação, trabalho em equipe e liderança, é igualmente importante. Durante o desenvolvimento do aplicativo do FGTS, por exemplo, organizei workshops de metodologias ágeis e práticas de programação em pares, que não só melhoraram a qualidade do código, mas também fortaleceram a colaboração e a confiança dentro da equipe.

Fomentando a Colaboração e o Trabalho em Equipe

A colaboração eficaz é a chave para o sucesso de qualquer equipe. Em todos os projetos que liderei, desde a remodelagem do aplicativo FGTS até o desenvolvimento de soluções inovadoras no PicPay, sempre enfatizei a importância de um ambiente de trabalho colaborativo. Ferramentas como quadros Kanban e plataformas de comunicação interna são essenciais para manter todos alinhados e facilitar a troca de informações.

Fomentar a colaboração vai além das ferramentas; envolve criar uma cultura de confiança e respeito mútuo. Promover a transparência e a comunicação aberta é fundamental. Lembro-me de como as reuniões diárias de stand-up no Scrum ajudaram a identificar e resolver rapidamente qualquer obstáculo, permitindo que a equipe se concentrasse no que realmente importava: entregar valor contínuo aos usuários.

Motivação e Retenção de Talentos

Manter a equipe motivada e garantir a retenção de talentos são desafios constantes. Acredito que a motivação vem de um senso de propósito e reconhecimento. Durante meu tempo no Banco do Brasil, sempre procurei reconhecer e celebrar as conquistas da equipe, por menores que fossem. Isso cria um ambiente positivo e incentiva todos a se esforçarem ainda mais.

Além do reconhecimento, proporcionar oportunidades de crescimento e desenvolvimento é crucial para a retenção de talentos. Oferecer treinamentos, oportunidades de promoção e projetos desafiadores ajuda a manter a equipe engajada e motivada. No PicPay, por exemplo, a chance de trabalhar em projetos de grande impacto, como a integração de novas funcionalidades de pagamento, foi um fator importante para manter a equipe motivada e comprometida.

Resolução de Conflitos e Gestão de Crises

Conflitos são inevitáveis em qualquer equipe, mas a maneira como são gerenciados pode fazer toda a diferença. Sempre adotei uma abordagem proativa na resolução de conflitos, incentivando a comunicação aberta e a mediação quando necessário. Durante o desenvolvimento do aplicativo do FIES, houve momentos de tensão devido a prazos apertados e desafios técnicos, mas a abertura para discussões francas e construtivas ajudou a resolver os problemas rapidamente.

Gestão de crises também é uma habilidade essencial. Em projetos de tecnologia, imprevistos acontecem, e a capacidade de manter a calma e guiar a equipe através da tempestade é crucial. Lembro-me de um incidente crítico no lançamento de uma atualização do aplicativo FGTS. Mantive a equipe focada, comuniquei claramente os passos a seguir e garanti que todos soubessem que estávamos juntos nessa. A crise foi superada, e a equipe saiu mais forte e unida.

Construir e manter equipes eficazes e motivadas é um trabalho contínuo que exige dedicação, empatia e uma visão clara. Acredito que investir em pessoas, fomentar a colaboração e manter um ambiente positivo e desafiador são as chaves para o sucesso. Ao aplicar essas estratégias, não só alcançamos resultados extraordinários, mas também criamos um ambiente onde todos podem crescer e prosperar.

Estratégias para construir e manter equipes eficazes e motivadas envolvem a combinação de recrutamento cuidadoso, desenvolvimento contínuo de habilidades, promoção da colaboração, reconhecimento e gerenciamento eficaz de conflitos. Estas práticas não apenas garantem o sucesso dos projetos, mas também promovem um ambiente de trabalho saudável e produtivo, onde a inovação e a excelência podem florescer.

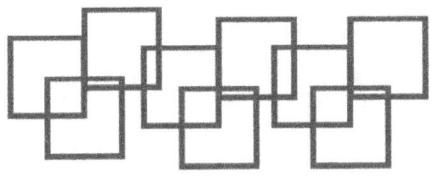

Capítulo 04

Inovação e Criatividade em Projetos Tecnológicos

A inovação e a criatividade são os motores que impulsionam o progresso no campo da tecnologia. Desde os primeiros dias da minha carreira, percebi que a capacidade de pensar fora da caixa e implementar novas ideias é essencial para o sucesso. Neste capítulo, quero compartilhar minhas experiências e estratégias para fomentar uma cultura de inovação, utilizar técnicas de brainstorming e ideação, realizar prototipagem rápida e testes de conceito, implementar soluções inovadoras e promover a melhoria contínua.

Fomentando a Cultura da Inovação

Fomentar uma cultura de inovação é fundamental para qualquer organização que deseja se destacar no mercado tecnológico. Isso começa com a criação de um ambiente onde os membros da equipe se sintam seguros para compartilhar suas ideias, por mais fora do comum que possam parecer. Lembro-me de como, na Fóton Informática, incentivamos a participação de todos nas sessões de brainstorming, garantindo que cada voz fosse ouvida e valorizada.

Além disso, é importante proporcionar tempo e recursos para a experimentação. No PicPay, criamos pequenos projetos paralelos onde os desenvolvedores podiam explorar novas tecnologias e soluções sem a pressão dos prazos dos projetos principais. Isso não só estimulou a criatividade, mas também resultou em várias inovações que posteriormente foram incorporadas aos nossos produtos principais.

Técnicas de Brainstorming e Ideação

Técnicas de brainstorming e ideação são ferramentas poderosas para gerar novas ideias. Uma das abordagens que usei com sucesso foi a técnica do "brainwriting", onde os participantes escrevem suas ideias em silêncio antes de compartilhá-las com o grupo. Isso permite que todos contribuam de forma igualitária, sem a influência das opiniões mais dominantes.

Outra técnica eficaz é a "ideação reversa", onde começamos pensando em como resolveríamos o problema de maneira completamente oposta. Isso nos ajuda a explorar possibilidades que, de outra forma, poderiam ser ignoradas. Durante o desenvolvimento do aplicativo do FGTS, essa técnica nos permitiu encontrar soluções inovadoras para problemas antigos, resultando em um produto mais robusto e eficiente.

Prototipagem Rápida e Testes de Conceito

Prototipagem rápida e testes de conceito são essenciais para validar ideias antes de investir recursos significativos. A criação de protótipos rápidos permite que a equipe visualize e interaja com as ideias, identificando pontos fortes e áreas de melhoria. No Banco do Brasil, implementamos protótipos para testar novas funcionalidades do aplicativo Ourocard, o que nos permitiu ajustar e aprimorar as soluções antes do lançamento final.

Testes de conceito também são cruciais para garantir que as ideias funcionem na prática. Durante o desenvolvimento de soluções inovadoras, sempre conduzimos testes rigorosos para validar nossas suposições e garantir que estamos no caminho certo. Esses testes ajudam a mitigar riscos e aumentam a confiança no sucesso das implementações futuras.

Implementação de Soluções Inovadoras

A implementação de soluções inovadoras requer planejamento cuidadoso e uma abordagem estruturada. É importante começar com um plano detalhado que inclua objetivos claros, cronogramas e recursos necessários. No projeto do FIES, elaboramos um plano de implementação que detalhava cada etapa do processo, garantindo que todos os membros da equipe estivessem alinhados e cientes de suas responsabilidades.

Além disso, a flexibilidade é crucial durante a implementação. É importante estar preparado para ajustar o plano conforme surgem novos desafios e oportunidades. Durante a remodelagem do aplicativo do FGTS, enfrentamos vários obstáculos inesperados, mas a disposição de ajustar nossas abordagens nos permitiu superar esses desafios e entregar um produto inovador e eficaz.

Avaliação e Melhoria Contínua

A avaliação e a melhoria contínua são pilares para manter a inovação em alta. Após a implementação de uma solução, é essencial avaliar seu desempenho e coletar feedback dos usuários. No PicPay, estabelecemos métricas claras para monitorar o sucesso das novas funcionalidades e realizamos pesquisas de satisfação com os usuários para obter insights valiosos.

Com base nessas avaliações, implementamos melhorias contínuas para aperfeiçoar nossos produtos. A capacidade de iterar e melhorar constantemente garante que as soluções permaneçam relevantes e eficazes. Este ciclo de feedback e melhoria contínua é o que nos permite manter uma vantagem competitiva no mercado tecnológico.

A inovação contínua é vital para a liderança tecnológica. Promover uma cultura de inovação, utilizar técnicas de brainstorming e ideação, realizar prototipagem rápida, implementar soluções inovadoras e promover a melhoria contínua são estratégias essenciais para o sucesso. Lembre-se das palavras de Steve Jobs: "Inovação distingue um líder de um seguidor." Manter-se na vanguarda da inovação é o que nos permite liderar com confiança e eficácia no dinâmico mundo da tecnologia.

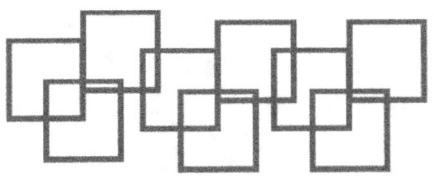

Capítulo 05

Gestão de Recursos e Orçamento

A gestão eficaz de recursos e orçamento é essencial para o sucesso de qualquer projeto tecnológico. Ao longo da minha carreira, percebi que a capacidade de planejar financeiramente, alocar recursos de maneira eficiente e monitorar o orçamento rigorosamente pode fazer a diferença entre o sucesso e o fracasso de um projeto. Neste capítulo, compartilho minhas experiências e estratégias para planejar financeiramente, gerenciar recursos humanos e tecnológicos, controlar o orçamento, avaliar custo-benefício e implementar estratégias para redução de custos.

Planejamento Financeiro em Projetos Tecnológicos

O planejamento financeiro é a base de qualquer projeto bem-sucedido. Quando comecei na Caixa Econômica Federal, aprendi rapidamente que um bom planejamento financeiro pode evitar muitos problemas no futuro. O planejamento financeiro envolve definir claramente os custos previstos, desde o desenvolvimento até a implementação e manutenção. É essencial criar um orçamento detalhado que considere todos os aspectos do projeto.

Além disso, é importante revisar e ajustar o orçamento regularmente. No PicPay, onde liderei a implementação de várias soluções inovadoras, tínhamos revisões financeiras mensais para garantir que estávamos dentro do orçamento e fazer ajustes conforme necessário. Isso nos permitiu manter o controle financeiro e evitar surpresas desagradáveis ao longo do caminho. A capacidade de planejar financeiramente com precisão e flexibilidade é uma habilidade crítica para qualquer líder de projeto.

Gestão Eficiente de Recursos Humanos e Tecnológicos

Gerenciar recursos humanos e tecnológicos de maneira eficiente é fundamental para maximizar a produtividade e a qualidade do trabalho. Na Fóton

Informática, onde liderei a criação do aplicativo do FIES, aprendi a importância de alocar os recursos certos para as tarefas certas. Isso envolve não apenas identificar as habilidades e capacidades dos membros da equipe, mas também garantir que eles tenham acesso às ferramentas e tecnologias necessárias para realizar seu trabalho de maneira eficaz.

A eficiência na gestão de recursos também inclui a otimização do uso de tecnologias. No Banco do Brasil, implementei uma série de ferramentas de automação que ajudaram a reduzir o tempo gasto em tarefas repetitivas, liberando a equipe para se concentrar em atividades mais estratégicas. Ao garantir que os recursos humanos e tecnológicos sejam utilizados de maneira eficiente, podemos aumentar a produtividade e melhorar a qualidade dos resultados.

Monitoramento e Controle de Orçamento

O monitoramento e controle de orçamento são essenciais para garantir que o projeto permaneça no caminho certo financeiramente. Durante o desenvolvimento do aplicativo do FGTS, estabelecemos um sistema rigoroso de monitoramento de custos que incluía relatórios financeiros semanais e checkpoints regulares. Isso nos permitiu identificar e corrigir desvios de orçamento rapidamente.

Além disso, utilizamos ferramentas de software de gestão financeira que proporcionaram visibilidade em tempo real sobre as despesas do projeto. Essas ferramentas facilitaram o acompanhamento do orçamento e ajudaram a tomar decisões informadas sobre onde ajustar os gastos. A transparência e o controle rigoroso do orçamento são fundamentais para manter a saúde financeira de qualquer projeto tecnológico.

Avaliação de Custo-Benefício

Avaliar o custo-benefício é crucial para tomar decisões informadas sobre investimentos em projetos tecnológicos. Sempre começo com uma análise detalhada dos custos envolvidos e comparo com os benefícios esperados. Isso inclui tanto benefícios tangíveis, como aumento de receita, quanto intangíveis, como melhoria da satisfação do cliente ou aumento da eficiência operacional.

No PicPay, implementamos várias inovações tecnológicas com base em avaliações de custo-benefício. Um exemplo foi a decisão de integrar novas funcionalidades de pagamento digital, que inicialmente tinham um custo alto, mas que se provaram extremamente benéficas em termos de aumento de usuários e satisfação do cliente. Avaliar o custo-benefício permite que os líderes tomem decisões mais inteligentes e maximizem o retorno sobre o investimento.

Estratégias para Redução de Custos

A redução de custos é uma prioridade constante em qualquer projeto. Durante meu tempo na Fóton Informática, identifiquei várias áreas onde podíamos reduzir custos sem comprometer a qualidade. Uma das estratégias mais eficazes foi a implementação de práticas ágeis, que aumentaram a eficiência e reduziram o retrabalho.

Outra estratégia foi a renegociação de contratos com fornecedores e a busca por alternativas mais econômicas. No Banco do Brasil, por exemplo, conseguimos reduzir significativamente os custos de licenciamento de software ao negociar melhores termos e condições com nossos fornecedores. A redução de custos é uma abordagem contínua que exige criatividade e uma análise detalhada de todas as áreas de despesas.

A gestão eficiente de recursos e orçamento é fundamental para o sucesso de qualquer projeto tecnológico. Planejar financeiramente, gerenciar recursos humanos e tecnológicos, monitorar e controlar o orçamento, avaliar custo-benefício e implementar estratégias de redução de custos são práticas essenciais que garantem a sustentabilidade e a eficiência dos projetos. A capacidade de gerenciar recursos de forma eficaz não só assegura o sucesso financeiro, mas também promove um ambiente de trabalho produtivo e inovador.

A importância da gestão eficiente de recursos e orçamento para o sucesso do projeto não pode ser subestimada. Como líderes, devemos estar constantemente vigilantes e proativos em nosso planejamento e execução, garantindo que cada recurso seja utilizado da maneira mais eficaz possível. Isso nos permite entregar projetos de alta qualidade, dentro do orçamento e no prazo, fortalecendo a confiança de nossos stakeholders e clientes.

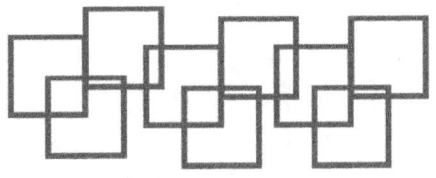

Capítulo 06

Implementação de Tecnologias Emergentes

A implementação de tecnologias emergentes é uma dos maiores desafios e, ao mesmo tempo, uma das maiores oportunidades para líderes tecnológicos. Ao longo da minha carreira, tive a chance de trabalhar com diversas tecnologias novas e inovadoras, e cada experiência me ensinou a importância de uma abordagem estruturada e cuidadosa. Neste capítulo, vou compartilhar minhas experiências e estratégias sobre como identificar tecnologias emergentes, avaliar sua viabilidade e risco, implementar de forma eficaz, integrar com sistemas existentes e medir seu impacto.

Identificação de Tecnologias Emergentes

Identificar tecnologias emergentes é o primeiro passo para qualquer organização que deseja se manter na vanguarda da inovação. Sempre busquei estar atento às tendências do setor, participando de conferências, workshops e lendo publicações especializadas. Durante meu tempo no PicPay, por exemplo, a constante vigilância sobre novas tecnologias de pagamento digital nos permitiu adotar soluções inovadoras que melhoraram significativamente a experiência do usuário.

Além disso, o networking com outros profissionais do setor é uma fonte valiosa de insights. Discussões com colegas e especialistas frequentemente revelam tecnologias emergentes que podem não estar no radar principal, mas que têm o potencial de transformar o mercado. Participar de hackathons e competições de inovação também é uma excelente maneira de descobrir novas tecnologias e avaliar seu potencial em um ambiente prático.

Avaliação de Viabilidade e Risco

Avaliar a viabilidade e os riscos associados a novas tecnologias é crucial antes de qualquer implementação. Lembro-me de como, na Fóton Informática, realizamos uma análise detalhada antes de decidir pela implementação de novas funcionalidades no aplicativo do FGTS. A viabilidade técnica, financeira e operacional deve ser cuidadosamente considerada. Isso inclui a avaliação dos recursos necessários, a compatibilidade com as infraestruturas existentes e o impacto potencial nos processos de negócios.

Além disso, a avaliação de risco é essencial para antecipar possíveis problemas e desenvolver planos de contingência. Durante a implementação de tecnologias emergentes no Banco do Brasil, utilizamos uma matriz de risco que nos ajudou a identificar e mitigar riscos antes que eles se tornassem problemas críticos. A capacidade de avaliar viabilidade e risco de maneira abrangente é fundamental para o sucesso na adoção de novas tecnologias.

Estratégias de Implementação

Implementar novas tecnologias requer uma abordagem bem planejada e estruturada. Uma das primeiras etapas é criar um roadmap de implementação detalhado que inclua objetivos claros, cronogramas, marcos e responsabilidades. No desenvolvimento do aplicativo Ourocard, essa abordagem nos ajudou a manter o projeto no caminho certo e garantir que todas as partes interessadas estivessem alinhadas.

Além disso, é importante começar com pilotos ou projetos menores antes de uma implementação completa. Isso permite testar a tecnologia em um ambiente controlado, identificar problemas e fazer ajustes necessários antes de um lançamento maior. Na implementação das novas funcionalidades do PicPay, utilizamos pilotos para validar nossa abordagem e garantir que estávamos prontos para escalar a solução.

Integração com Sistemas Existentes

A integração de novas tecnologias com sistemas existentes pode ser desafiadora, mas é essencial para garantir a continuidade dos negócios. Na Caixa Econômica Federal, onde liderei a remodelagem do aplicativo do FGTS, enfrentamos vários desafios de integração. A chave para o sucesso foi um planejamento meticuloso e a colaboração estreita entre as equipes de desenvolvimento e operações.

É importante ter uma compreensão clara das dependências e interfaces entre os sistemas novos e existentes. Utilizamos APIs e serviços de integração para facilitar a comunicação entre os diferentes sistemas, garantindo que a nova tecnologia pudesse ser incorporada sem interrupções significativas. A integração bem-sucedida requer não apenas habilidades técnicas, mas também uma abordagem colaborativa e uma comunicação eficaz entre todas as partes envolvidas.

Medindo o Impacto das Novas Tecnologias

Medir o impacto das novas tecnologias é fundamental para avaliar seu sucesso e identificar áreas de melhoria. Estabelecer métricas claras desde o início ajuda a monitorar o desempenho e a eficácia da tecnologia implementada. No PicPay, por exemplo, utilizamos métricas como a satisfação do usuário, a taxa de adoção e o retorno sobre o investimento para avaliar o impacto das novas funcionalidades de pagamento digital.

Além disso, o feedback contínuo dos usuários e das partes interessadas é crucial. Realizamos pesquisas e análises de dados para entender como a tecnologia estava sendo utilizada e onde poderíamos fazer melhorias. A melhoria contínua baseada em feedback e dados reais é o que garante que as tecnologias emergentes não apenas sejam implementadas com sucesso, mas também evoluam para atender às necessidades em constante mudança do mercado.

Adotar e integrar tecnologias emergentes é uma jornada complexa, mas extremamente recompensadora. Identificar as tecnologias certas, avaliar sua viabilidade e risco, implementar de forma estruturada, integrar com sistemas existentes e medir seu impacto são passos essenciais para impulsionar a inovação. A capacidade de liderar essa jornada é o que distingue os líderes tecnológicos eficazes, permitindo-lhes transformar desafios em oportunidades e manter suas organizações na vanguarda da inovação.

Como disse Steve Jobs, "Inovação é o que distingue um líder de um seguidor." Ao abraçar e integrar tecnologias emergentes de maneira estratégica e cuidadosa, podemos liderar com confiança e garantir que nossas organizações continuem a crescer e inovar em um mundo em constante evolução tecnológica.

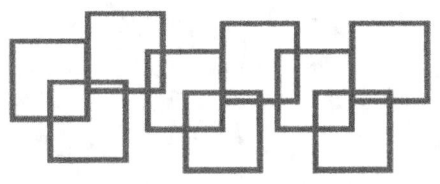

Capítulo 07

Superando Desafios em Projetos Complexos

Trabalhar em projetos complexos é um verdadeiro teste de liderança e capacidade de gestão. Ao longo da minha carreira, enfrentei inúmeros desafios que exigiram uma abordagem estruturada e uma mentalidade resiliente. Neste capítulo, vou compartilhar minhas experiências sobre como identificar e analisar desafios, planejar contingências, gerenciar riscos, comunicar-se eficazmente em situações de crise e aprender com as lições passadas para melhorar continuamente. Essas estratégias são essenciais para superar obstáculos e garantir a entrega bem-sucedida de projetos.

Identificação e Análise de Desafios

O primeiro passo para superar qualquer desafio é identificá-lo e analisá-lo cuidadosamente. Sempre inicio um projeto com uma análise detalhada de todas as possíveis dificuldades que podemos enfrentar. No desenvolvimento do aplicativo do FGTS, por exemplo, realizamos sessões de brainstorming para listar todos os desafios potenciais, desde questões técnicas até barreiras organizacionais.

Após identificar os desafios, é crucial analisá-los em profundidade para entender suas causas e impactos potenciais. Utilizo ferramentas como a análise SWOT (Forças, Fraquezas, Oportunidades e Ameaças) para avaliar o cenário completo. Essa análise detalhada nos permite priorizar os desafios mais críticos e desenvolver estratégias específicas para enfrentá-los. Com uma visão clara dos obstáculos, a equipe pode se preparar melhor e reagir de maneira proativa.

Planejamento de Contingência

O planejamento de contingência é essencial para garantir que a equipe esteja preparada para lidar com imprevistos. Em todos os projetos que liderei, sempre desenvolvemos planos de contingência para os cenários mais críticos. Isso inclui definir ações alternativas e alocar recursos adicionais que podem ser acionados em caso de emergência. No projeto do FIES, por exemplo, criamos um plano de contingência detalhado para garantir a continuidade do projeto, mesmo diante de problemas técnicos graves.

Ter um plano de contingência não só proporciona segurança, mas também aumenta a confiança da equipe. Saber que há um plano claro e estruturado para lidar com possíveis crises permite que todos trabalhem com mais tranquilidade e foco. Além disso, revisamos regularmente esses planos para ajustá-los conforme o projeto avança e novas informações surgem. A preparação é a chave para minimizar o impacto dos imprevistos e manter o projeto no caminho certo.

Gestão de Riscos

A gestão de riscos é um processo contínuo que envolve a identificação, avaliação e mitigação de riscos ao longo do projeto. Utilizo uma abordagem sistemática para a gestão de riscos, começando com a criação de um registro de riscos que lista todos os possíveis riscos identificados, suas probabilidades e impactos, e as ações mitigadoras planejadas. No PicPay, implementamos uma matriz de risco que nos ajudou a priorizar e gerenciar riscos de maneira eficaz.

Além disso, a gestão de riscos envolve a comunicação constante com a equipe e as partes interessadas. É importante garantir que todos estejam cientes dos riscos e das estratégias de mitigação. Durante o desenvolvimento de novas funcionalidades do PicPay, realizávamos reuniões regulares para revisar o status dos riscos e ajustar nossas estratégias conforme necessário. A gestão proativa de riscos ajuda a prevenir problemas antes que se tornem críticos e permite uma resposta rápida quando surgem.

Comunicação em Situações de Crise

A comunicação eficaz é crucial em situações de crise. Quando enfrentamos um problema significativo, a clareza e a transparência na comunicação são essenciais para manter a equipe unida e focada na solução. Durante uma crise no projeto do FGTS, estabelecemos um canal de comunicação dedicado para atualizações rápidas e precisas. Isso incluiu reuniões diárias para discutir o progresso e quaisquer novos desenvolvimentos.

Além disso, a comunicação com as partes interessadas externas é igualmente importante. Manter clientes e stakeholders informados sobre a situação e as ações que estão sendo tomadas ajuda a manter a confiança e a credibilidade. Lembro-me de um incidente crítico no Banco do Brasil, onde a comunicação aberta e honesta com nossos parceiros foi fundamental para resolver a crise de maneira eficiente e preservar nossos relacionamentos comerciais.

Lições Aprendidas e Melhoria Contínua

Cada projeto, independentemente de seu sucesso ou fracasso, oferece valiosas lições. Sempre encorajo minha equipe a refletir sobre as experiências passadas e identificar áreas de melhoria. Após a conclusão de um projeto, realizamos sessões de retrospectiva para discutir o que funcionou bem, o que poderia ter sido melhor e como podemos aplicar essas lições em futuros projetos. No desenvolvimento do aplicativo Ourocard, essa prática nos permitiu melhorar continuamente nossos processos e abordagens.

A melhoria contínua é um processo iterativo que exige um compromisso constante com a excelência. No PicPay, implementamos um ciclo de feedback que nos ajudou a iterar rapidamente e ajustar nossas estratégias conforme necessário. Essa abordagem não só melhora a qualidade dos projetos futuros, mas também fortalece a cultura de aprendizado e inovação dentro da equipe.

Superar desafios em projetos complexos requer uma abordagem estruturada e uma mentalidade resiliente. Identificar e analisar desafios, planejar contingências, gerenciar riscos, comunicar-se eficazmente em situações de crise e aprender com as lições passadas são estratégias essenciais para garantir a entrega bem-sucedida de projetos. Ao aplicar essas abordagens práticas, podemos transformar obstáculos em oportunidades e alcançar resultados extraordinários.

Abordagens práticas para superar desafios e garantir a entrega bem-sucedida de projetos incluem uma análise detalhada de desafios, planejamento de contingência, gestão proativa de riscos, comunicação clara durante crises e um compromisso com a melhoria contínua. Essas estratégias não apenas garantem o sucesso dos projetos, mas também fortalecem a equipe e a organização, preparando-os para enfrentar e superar futuros desafios com confiança e eficácia.

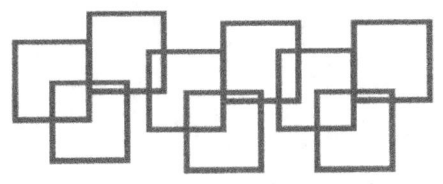

Capítulo 08

Segurança e Conformidade em Projetos Tecnológicos

A segurança da informação e a conformidade com regulamentações são pilares fundamentais em qualquer projeto tecnológico. Ao longo da minha carreira, aprendi que a negligência nessas áreas pode ter consequências catastróficas. Garantir a segurança e a conformidade não é apenas uma questão de proteger dados, mas também de construir confiança e credibilidade com clientes e parceiros. Neste capítulo, vou compartilhar minhas experiências e práticas sobre a importância da segurança da informação, a implementação de políticas de segurança, a conformidade com regulamentações, a gestão de incidentes de segurança e a avaliação e melhoria contínua da segurança.

Importância da Segurança da Informação

A segurança da informação é crucial para proteger dados sensíveis contra acessos não autorizados, danos e roubos. Durante meu tempo na Fóton Informática, onde liderei projetos críticos como o aplicativo do FGTS, entendi que a segurança não é apenas uma preocupação técnica, mas também uma questão de confiança. Nossos usuários confiam em nós para proteger suas informações pessoais e financeiras, e qualquer falha pode comprometer essa confiança de maneira irreparável.

Além disso, a segurança da informação é essencial para garantir a continuidade dos negócios. Incidentes de segurança podem resultar em interrupções significativas, perda de dados e danos à reputação da empresa. No PicPay, sempre priorizamos a segurança em todas as etapas do desenvolvimento e operação, implementando práticas rigorosas para proteger nossos sistemas e dados. Proteger a informação não é uma tarefa única; é um esforço contínuo que deve ser integrado a todos os aspectos do projeto.

Políticas e Práticas de Segurança

Implementar políticas e práticas de segurança eficazes é fundamental para garantir que todas as áreas do projeto estejam protegidas. Na Caixa Econômica Federal, desenvolvemos um conjunto abrangente de políticas de segurança que incluía desde o controle de acesso até a criptografia de dados sensíveis. Essas políticas servem como um guia para todos os membros da equipe, garantindo que todos sigam os mesmos padrões de segurança.

Além disso, realizamos treinamentos regulares para garantir que todos os colaboradores estivessem cientes das melhores práticas de segurança e das políticas da empresa. No Banco do Brasil, esses treinamentos incluíam simulações de phishing e testes de penetração para identificar vulnerabilidades e educar a equipe sobre como evitá-las. Manter a equipe informada e vigilante é essencial para prevenir incidentes de segurança e garantir que todos estejam preparados para responder a possíveis ameaças.

Conformidade com Regulamentações

A conformidade com regulamentações é outra área crítica que não pode ser negligenciada. Diferentes setores e regiões têm suas próprias leis e regulamentos de segurança e privacidade, e é essencial que os projetos tecnológicos estejam em conformidade com essas exigências. No desenvolvimento do aplicativo do FGTS, asseguramos que todas as práticas de manuseio de dados estivessem em conformidade com a Lei Geral de Proteção de Dados (LGPD) do Brasil.

Estar em conformidade não apenas evita penalidades legais, mas também fortalece a confiança dos clientes e parceiros. Durante minha liderança no PicPay, implementamos processos rigorosos de auditoria e monitoramento para garantir que estávamos sempre em conformidade com todas as regulamentações aplicáveis. A conformidade deve ser vista como um componente contínuo do gerenciamento de projetos, exigindo monitoramento e ajustes constantes para se adaptar às mudanças nas leis e regulamentos.

Gestão de Incidentes de Segurança

A gestão eficaz de incidentes de segurança é crucial para minimizar os impactos de qualquer violação ou ameaça. Sempre adotei uma abordagem proativa para a gestão de incidentes, desenvolvendo e implementando planos de resposta a incidentes que detalham as ações a serem tomadas em caso de violação. Na Fóton Informática, estabelecemos uma equipe dedicada à resposta a incidentes, pronta para agir rapidamente e mitigar qualquer dano.

Além disso, após qualquer incidente, realizamos uma análise detalhada para identificar a causa raiz e implementar medidas corretivas para evitar que o mesmo problema ocorra novamente. No Banco do Brasil, essa abordagem nos permitiu aprender com cada incidente e fortalecer continuamente nossas defesas. A capacidade de responder rapidamente e aprender com os incidentes é essencial para manter a segurança a longo prazo.

Avaliação e Melhoria da Segurança

A avaliação contínua e a melhoria da segurança são práticas essenciais para garantir que as defesas permaneçam eficazes diante de novas ameaças. Realizo auditorias regulares e testes de penetração para identificar vulnerabilidades e avaliar a eficácia das medidas de segurança existentes. No PicPay, essa prática nos permitiu identificar e corrigir rapidamente qualquer ponto fraco em nossos sistemas.

Além disso, a melhoria contínua envolve a atualização constante das políticas e práticas de segurança para acompanhar as mudanças no ambiente de ameaças e nas tecnologias disponíveis. Manter-se atualizado com as últimas tendências e melhores práticas é crucial. A participação em conferências e a colaboração com outros profissionais de segurança também são formas valiosas de garantir que estamos sempre à frente das ameaças.

Manter a segurança e a conformidade em todos os projetos tecnológicos é essencial para proteger dados, garantir a continuidade dos negócios e construir confiança com clientes e parceiros. Implementar políticas eficazes de segurança, estar em conformidade com as regulamentações, gerenciar incidentes de forma proativa e buscar a melhoria contínua são práticas fundamentais que garantem a integridade e a resiliência dos sistemas tecnológicos.

A importância de manter a segurança e a conformidade em todos os projetos tecnológicos não pode ser subestimada. Como líderes, devemos estar constantemente vigilantes e comprometidos em proteger nossos sistemas e dados contra ameaças em constante evolução. Ao fazer isso, não apenas garantimos o sucesso de nossos projetos, mas também fortalecemos a confiança e a credibilidade de nossas organizações no mercado.

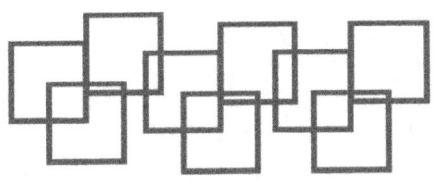

Capítulo 09

Comunicação Eficaz com Stakeholders

Comunicação é a espinha dorsal de qualquer projeto bem-sucedido. Ao longo dos anos, aprendi que a habilidade de se comunicar eficazmente com todas as partes interessadas é essencial para alinhar expectativas, resolver problemas e garantir que todos estejam na mesma página. Neste capítulo, vou compartilhar minhas experiências sobre como identificar stakeholders, desenvolver estratégias de comunicação, engajar e alinhar expectativas, manter um feedback contínuo e transparente e elaborar relatórios de progresso e resultados.

Identificação de Stakeholders

O primeiro passo para uma comunicação eficaz é identificar corretamente todos os stakeholders. Stakeholders são todas as pessoas ou grupos que têm interesse ou são afetados pelo projeto. Em meus projetos na Caixa Econômica Federal e no PicPay, sempre começo mapeando todos os stakeholders, desde a equipe de desenvolvimento até os usuários finais, passando pelos gestores e parceiros comerciais.

Uma identificação precisa dos stakeholders nos permite entender melhor suas necessidades e expectativas. Quando liderei o projeto do FGTS, fiz questão de realizar reuniões iniciais com representantes de todos os grupos envolvidos para entender suas preocupações e expectativas. Essa abordagem nos ajudou a criar um plano de comunicação que atendesse às necessidades de todos e evitasse surpresas desagradáveis no decorrer do projeto.

Estratégias de Comunicação

Desenvolver estratégias de comunicação eficazes é fundamental para garantir que a mensagem correta chegue ao público certo no momento certo. Sempre adotei uma abordagem multicanal, utilizando e-mails, reuniões presenciais, videoconferências e ferramentas de colaboração online. No Banco do Brasil, por exemplo, usamos uma combinação de newsletters semanais e reuniões de status quinzenais para manter todos informados sobre o andamento do projeto Ourocard.

Cada canal de comunicação tem seus pontos fortes e fracos, e é importante escolher o mais adequado para cada situação. Por exemplo, para atualizações rápidas e diárias, as reuniões de stand-up do Scrum são ideais. Já para discussões mais aprofundadas e estratégicas, prefiro reuniões presenciais ou videoconferências. Adaptar a estratégia de comunicação ao contexto e às necessidades dos stakeholders é crucial para garantir a eficácia da mensagem.

Engajamento e Alinhamento de Expectativas

Engajar os stakeholders e alinhar suas expectativas é uma das tarefas mais desafiadoras, mas também uma das mais importantes. No PicPay, sempre procurei envolver os stakeholders desde as fases iniciais do projeto, solicitando seu input e feedback regularmente. Isso não só aumenta o engajamento, mas também ajuda a garantir que todos estejam alinhados com os objetivos e resultados esperados.

Alinhar expectativas envolve definir claramente os objetivos do projeto, os marcos e os critérios de sucesso. Durante o desenvolvimento do aplicativo do FGTS, estabelecemos um documento de expectativas compartilhadas que detalhava o que cada stakeholder poderia esperar em termos de entregas, prazos e qualidade. Esse alinhamento inicial foi crucial para evitar mal-entendidos e garantir que todos estivessem comprometidos com o mesmo objetivo.

Feedback Contínuo e Transparência

Manter um fluxo contínuo de feedback e transparência é essencial para construir confiança e resolver problemas rapidamente. Sempre incentivo uma cultura de feedback aberto, onde todos os membros da equipe e stakeholders se sintam à vontade para compartilhar suas opiniões e preocupações. No Banco do Brasil, implementamos um sistema de feedback regular que incluía sessões de retrospectiva e reuniões one-on-one.

A transparência é igualmente importante. Manter todos informados sobre o andamento do projeto, os desafios enfrentados e as decisões tomadas ajuda a construir um ambiente de confiança. Durante o projeto do FIES, estabelecemos um dashboard de transparência onde os stakeholders podiam ver o progresso em tempo real e entender o status atual do projeto. Essa abordagem reduziu a ansiedade e aumentou a confiança na equipe.

Relatórios de Progresso e Resultados

Elaborar relatórios de progresso e resultados é uma parte fundamental da comunicação com stakeholders. Esses relatórios devem ser claros, concisos e focados nos aspectos mais relevantes do projeto. No PicPay, adotamos uma abordagem de relatórios mensais que incluíam um resumo das atividades realizadas, os resultados alcançados e os próximos passos planejados.

Além dos relatórios formais, mantenho atualizações regulares e informais para garantir que todos estejam sempre cientes do status do projeto. Durante o desenvolvimento do aplicativo do FGTS, essas atualizações regulares ajudaram a manter todos alinhados e permitiram uma rápida resolução de qualquer problema que surgisse. A clareza e a consistência na comunicação de progresso são essenciais para manter o projeto no caminho certo.

A chave para o sucesso de projetos complexos é uma comunicação eficaz com todas as partes interessadas. Identificar stakeholders, desenvolver estratégias de comunicação, engajar e alinhar expectativas, manter um feedback contínuo e transparente e elaborar relatórios de progresso são práticas essenciais para garantir que todos estejam na mesma página e comprometidos com o sucesso do projeto.

A importância da comunicação eficaz não pode ser subestimada. Ao adotar uma abordagem estruturada e proativa para a comunicação, podemos garantir que todos os stakeholders estejam informados, engajados e alinhados, o que é crucial para o sucesso de qualquer projeto tecnológico.

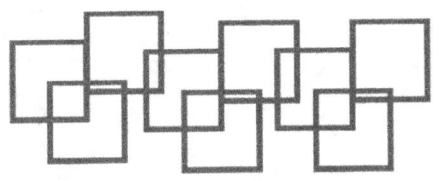

Capítulo 10

Planejamento Estratégico para o Futuro

Planejar estrategicamente para o futuro é uma habilidade essencial para qualquer líder tecnológico. Ao longo da minha carreira, aprendi que o planejamento estratégico não é apenas sobre prever o que está por vir, mas também sobre preparar a organização para responder de maneira ágil e eficaz às mudanças inevitáveis. Neste capítulo, vou compartilhar minhas experiências sobre como definir objetivos de longo prazo, analisar tendências tecnológicas, desenvolver planos de ação, monitorar e ajustar estratégias, e se preparar para mudanças e adaptações.

Definindo Objetivos de Longo Prazo

Definir objetivos de longo prazo é o primeiro passo para qualquer planejamento estratégico eficaz. Sempre começo esse processo estabelecendo uma visão clara e ambiciosa para onde quero levar a organização nos próximos cinco a dez anos. No PicPay, por exemplo, definimos a meta de nos tornarmos o principal ecossistema financeiro digital do Brasil. Essa visão nos deu um norte claro e ajudou a alinhar todos os nossos esforços e recursos em torno de um objetivo comum.

Além disso, é importante desdobrar essa visão em metas específicas e mensuráveis. Durante meu tempo na Caixa Econômica Federal, estabelecemos metas claras para a digitalização de serviços e a melhoria da experiência do cliente. Essas metas foram divididas em objetivos anuais e trimestrais, que nos permitiram monitorar nosso progresso e ajustar nossas estratégias conforme necessário. Definir objetivos de longo prazo com clareza e precisão é fundamental para orientar todas as ações estratégicas da organização.

Análise de Tendências Tecnológicas

Analisar tendências tecnológicas é crucial para se manter competitivo em um mercado em constante evolução. Sempre mantenho um olhar atento às novas tecnologias e inovações que podem impactar nosso setor. Participar de conferências, ler publicações especializadas e manter um bom networking com outros profissionais da área são práticas que me ajudam a estar atualizado sobre as últimas tendências. No Banco do Brasil, essa prática nos permitiu antecipar a adoção de tecnologias como blockchain e inteligência artificial.

Além disso, a análise de tendências deve ser integrada ao planejamento estratégico. Isso significa não apenas identificar novas tecnologias, mas também avaliar como elas podem ser aplicadas para melhorar processos, produtos e serviços. Durante o desenvolvimento do aplicativo Ourocard, realizamos uma série de workshops de inovação para explorar como as novas tendências poderiam ser incorporadas ao nosso produto. Essa abordagem proativa nos ajudou a manter nossa vantagem competitiva e a entregar soluções inovadoras aos nossos clientes.

Desenvolvimento de Planos de Ação

Desenvolver planos de ação detalhados é a ponte entre a definição de objetivos e a execução prática. Sempre inicio esse processo mapeando as etapas necessárias para alcançar cada objetivo, definindo responsáveis e prazos claros. No projeto do FGTS, por exemplo, criamos um roadmap detalhado que delineava todas as fases do desenvolvimento, desde a concepção inicial até o lançamento final.

Um bom plano de ação também deve ser flexível o suficiente para se ajustar a mudanças e imprevistos. Durante o desenvolvimento do FIES, enfrentamos vários desafios inesperados que exigiram ajustes no plano original. Manter uma abordagem ágil e estar preparado para adaptar os planos conforme necessário é essencial para garantir que os objetivos sejam alcançados, mesmo diante de obstáculos. A flexibilidade e a adaptabilidade são componentes-chave de qualquer plano de ação eficaz.

Monitoramento e Ajustes Estratégicos

Monitorar o progresso e ajustar as estratégias conforme necessário é uma prática contínua no planejamento estratégico. Utilizo métricas e indicadores de desempenho para acompanhar o progresso em relação aos objetivos estabelecidos. No PicPay, implementamos um sistema de monitoramento de desempenho que nos permitia revisar regularmente nossos avanços e identificar áreas que precisavam de ajustes.

Além disso, realizar revisões estratégicas periódicas é fundamental para garantir que a organização permaneça no caminho certo. Essas revisões devem incluir a análise do ambiente externo, as mudanças no mercado e as novas oportunidades que podem surgir. Durante meu tempo na Fóton Informática, as revisões trimestrais nos permitiram ajustar nossas estratégias de forma proativa, garantindo que estivéssemos sempre um passo à frente das tendências e desafios do mercado.

Preparação para Mudanças e Adaptações

A capacidade de se preparar para mudanças e se adaptar rapidamente é crucial no campo da tecnologia. Sempre enfatizo a importância de uma mentalidade ágil e flexível dentro da equipe. Isso envolve não apenas a capacidade de responder rapidamente a mudanças, mas também a disposição de experimentar e inovar. No Banco do Brasil, promovemos uma cultura de inovação onde todos eram incentivados a propor novas ideias e soluções.

Além disso, preparar-se para mudanças envolve a criação de planos de contingência e a formação contínua da equipe. Durante o desenvolvimento do aplicativo do FGTS, estabelecemos protocolos claros para lidar com mudanças inesperadas e treinamos a equipe para ser resiliente e adaptável. Preparar a organização para mudanças e adaptações é essencial para garantir a sustentabilidade e o crescimento a longo prazo.

O planejamento estratégico contínuo é fundamental para a sustentabilidade e o crescimento no campo da tecnologia. Definir objetivos de longo prazo, analisar tendências tecnológicas, desenvolver planos de ação, monitorar e ajustar estratégias, e se preparar para mudanças e adaptações são práticas essenciais que garantem que a organização esteja sempre preparada para enfrentar os desafios e aproveitar as oportunidades do futuro.

A importância do planejamento estratégico contínuo não pode ser subestimada. Como líderes tecnológicos, devemos estar constantemente vigilantes e proativos em nosso planejamento e execução, garantindo que estamos sempre prontos para adaptar nossas estratégias e responder às mudanças do mercado. Isso nos permite não apenas sobreviver, mas prosperar em um ambiente em constante evolução.

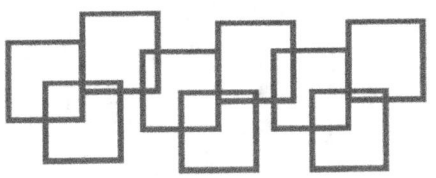

Conclusão

Ao concluir este livro, reflito sobre a importância crucial de uma liderança tecnológica eficaz na era digital. A tecnologia avança a um ritmo acelerado, e aqueles que lideram esse movimento precisam ser equipados com as habilidades, a visão e a resiliência necessárias para navegar por esse ambiente dinâmico. Minha jornada pessoal como líder tecnológico me ensinou que o sucesso não vem apenas da compreensão técnica, mas da capacidade de inspirar, motivar e guiar equipes para alcançar objetivos comuns.

Durante os capítulos deste livro, compartilhei estratégias e práticas que considero fundamentais para liderar projetos tecnológicos com sucesso. Desde a definição clara de objetivos de longo prazo até a gestão eficiente de recursos e orçamento, passando pela implementação de tecnologias emergentes e a superação de desafios complexos, cada capítulo oferece insights práticos baseados em minhas próprias experiências e aprendizados. Espero que esses conhecimentos sirvam como um guia valioso para você em sua própria trajetória.

A liderança tecnológica eficaz não é uma habilidade estática; é um processo contínuo de aprendizado e adaptação. À medida que novas tecnologias surgem e o mercado evolui, a capacidade de se adaptar e inovar torna-se ainda mais vital. Incentivo você, leitor, a aplicar as estratégias aprendidas neste livro com coragem e determinação. Lembre-se de que a inovação começa com a disposição de experimentar e aprender com os erros.

Além disso, a importância da comunicação eficaz com stakeholders e a criação de uma cultura de colaboração e confiança dentro da equipe não podem ser subestimadas. São esses elementos que sustentam o sucesso de qualquer projeto tecnológico, garantindo que todos estejam alinhados e comprometidos com os mesmos objetivos.

Em última análise, a liderança tecnológica eficaz é sobre mais do que apenas resultados tangíveis; é sobre construir um legado de inovação, crescimento e impacto positivo. Ao adotar uma abordagem estratégica e flexível, você pode liderar sua equipe e organização rumo a novos patamares de sucesso e realização.

Obrigado por acompanhar minha jornada e espero que as lições e experiências compartilhadas aqui inspirem você a se tornar um líder tecnológico ainda mais eficaz e inovador. Como disse Steve Jobs, "Aqueles que são loucos o suficiente para pensar que podem mudar o mundo são os que o fazem." Seja essa pessoa em sua organização, e faça a diferença.

Vamos juntos, continuar inovando e liderando com propósito e paixão!

www.ingramcontent.com/pod-product-compliance
Lightning Source LLC
Chambersburg PA
CBHW071834210526
45479CB00001B/131